푸른숲 생각 **나무**는 통합적인 사고의 틀을 키워 주는 초등 3~6학년 지식 교양 시리즈입니다.

# 세상의 모든 가족

# 세상의 모든 가족

알렉산드라 막사이너 글 ♥ 앙케 쿨 그림 ♥ 김완균 옮김

동물들은 대부분 함께 어울려 살아가요.

오리 가족

꿀벌

늑대 무리

오랜 옛날, 석기 시대 원시인들도
함께 모여 살았어요.
원시인 가족은 커다란 동굴에 모여
함께 먹을거리를 구하고 아이를 키우는 등
서로 돕고 의지하며 살았답니다.

예전에는 가족 구성원이 꽤
많았어요. 할아버지와 할머니,
엄마와 아빠, 그리고 아이들까지
열 명이 족히 넘는 대가족이
한 지붕 아래에 모여 살았답니다.

1900년경의 가족 사진

하지만 요즘에는 이런 대가족을 찾아보기가 쉽지 않아요.
엄마와 아빠를 중심으로 한두 명 내지 많아야 세 명의
아이들이 한 가족을 이루는 경우가 대부분이거든요.

벤의 할아버지, 할머니는 큰길을 두 번 건너면 갈 수 있는
가까운 곳에 살아요. 그래서 벤은 리사 누나 때문에 화가 날 때면,
곧잘 할아버지, 할머니 집에 찾아가곤 합니다.

벤과 누나는 자주 다투는 편이에요.
하지만 벤은 누나가 자기를
무척 좋아한다는 사실을 알고 있어요.
사실 벤도 누나를 정말정말 좋아하고요.

그렇다고 모두가 벤네 가족처럼 사는 건
아니랍니다. 엄마와 아빠 둘 중 한 사람과 아이가
함께 사는 경우도 있어요. 레오니네 집이 그렇답니다.
레오니는 엄마랑 둘이 살고 있어요. 레오니 아빠는
엄마랑 이혼한 뒤, 다른 도시에서 살고 있어요.
레오니의 엄마와 아빠는 서로 대화를 나누려
하지 않아요. 그래서 레오니는 방학이나
휴가철이 되어야만 아빠를 만날 수 있답니다.
레오니는 이런 상황이 정말 싫어요.

미아네 엄마와 아빠도 이혼을 했답니다.
하지만 두 분은 여전히 사이좋게 지내지요.

미아는 레오니처럼 엄마랑 살지만 때로는 아빠랑 살기도 해요.
미아도, 레오니도 종종 '같이 놀 동생이 있었으면 좋았을 텐데.' 하고 아쉬워합니다.

아니면 든든한 오빠나 언니가 있었어도 좋았을 테고요.

하지만 뭐든지 다른 형제와 나눠 써야 한다면,
그것도 무척 신경 쓰이는 일일 거예요.

미아는 아무것도 나눠 쓸 필요가 없어요. 오히려 그 반대지요.
엄마와 아빠가 이혼한 뒤, 미아는 매주 주말이면 아빠네 집에서
잠을 잡니다. 그래서 금요일만 되면 이사를 하지요.
덕분에 뭐든지 두 개씩 갖고 있답니다.

엄마네 집에 있는 미아의 방

아빠네 집에 있는 미아의 방

빨간 자전거

보라색 자전거

노란 비옷

물방울무늬 비옷

야콥도 엄마네 집, 아빠네 집을 오가며 지냅니다.
야콥의 아빠는 디르크이고, 엄마는 우테입니다.
엄마와 아빠에게는 아들 야콥 말고도 딸이 하나
더 있습니다. 바로 야콥의 여동생 한나입니다.

엄마와 아빠가 이혼한 뒤, 야콥과 한나는
주 중에는 엄마네 집에서 지냅니다.
그러다 주말이 되면 아빠네 집으로 가지요.

아빠는 그사이 다시 결혼을 했어요. 아빠와
결혼한 새엄마는 카챠입니다. 카챠에게도
레나라는 딸이 있어요. 야콥에게 레나는
엄마가 다른 남매인 셈입니다. 레나는 아빠와
새엄마네 집에서 살지만 때로는 친아빠
클라우스네 집에 가기도 합니다.

야콥에게는 레나 말고도 새로 생긴 형제가
또 있어요. 바로 루아노입니다. 루아노는 엄마와
새아빠 디에고 사이에서 태어난 아이예요. 야콥과
루아노는 엄마는 같고 아빠는 다른 형제이지요.

디에고는 전에 가비와 결혼을 했다가 이혼했어요.
가비와 디에고 사이에도 나이라라는 딸이 하나
있어요. 나이라도 야콥의 또 다른 남매인 셈입니다.

10

# 복잡하고 헷갈리는 야콥의 가족 관계

야콥의 가족처럼 다양한 구성원으로 이루어진 가족을
'패치워크 가족'이라고 부릅니다.
패치워크는 영어에서 온 말로, 우리말로는 '조각보'라고 하지요.
서로 다른 색깔과 무늬의 헝겊 조각들이 한데 모여
커다란 패치워크를 이루는 것처럼 다양한 사람들이
가족이라는 관계로 맺어져 또 하나의 커다란 가족을 이룹니다.

카를라와 모리츠는 엄마가 둘이에요.

카를라 엄마와 모리츠 엄마는 서로를 좋아해요. 그래서 함께 살아요.
카를라와 모리츠는 친형제는 아니지만 두 엄마와 함께 행복하게 살아요.

또한 카를라와 모리츠는
가끔씩 아빠를 만나
즐거운 시간을 보내기도 합니다.

예전에는 아이들이 부모에게
깍듯이 예의를 갖춰야 했어요.

부모들은 아이를 부를 때 이름 대신
사랑하는 마음을 담아 애칭을 쓰기도 해요.

파울라의 엄마와 아빠는 아이제와 베른트입니다. 하지만 아이제가 파울라를 임신해서 낳은 것은 아니에요. 파울라는 원래 시모네의 딸이었어요. 하지만 시모네는 아이를 낳았지만 제대로 키울 의지와 능력이 없었답니다.

아이제와 베른트는 파울라가 태어나자마자 집으로 데려와 키웠어요.
사람들은 이런 경우를 가리켜 아이를 '입양'했다고 말합니다.
입양은 다른 사람이 낳은 아이를 데려와 친자식으로 키우는 것이지요.

파울라가 처음 집에 오던 날, 아이제와 베른트는 마치 세상을 다 얻은 것처럼 기뻤어요.
두 사람은 파울라를 위해 매년 두 차례씩 파티를 엽니다.
파울라가 태어난 날에는 생일 파티를, 가족이 된 날에는 축하 파티를 열지요.

줄레의 엄마는 병에 걸려 일찍 돌아가셨어요.
그 후 오랫동안 줄레와 줄레의 아빠 랄프는
슬픔에 빠져 있었지요.

시간이 흘러, 줄레의 아빠 랄프는
안네를 만나 다시금 사랑에 빠졌어요.
랄프와 안네는 곧 결혼을 했지요.
그렇게 해서 안네는 줄레의
새엄마가 되었어요.

하지만 줄레는 엄마가 돌아가신 게 여전히 너무너무
슬프기만 했어요. 그래서 새엄마를 받아들이고
싶지가 않았어요. 안네가 아무리 잘해 줘도
줄레는 괜스레 짜증을 내거나 심통을 부렸어요.

안네는 줄레를 진심으로 좋아해요.
돌아가신 엄마를 그리워하는
줄레의 마음도 충분히 이해하고요.
그래서 안네는 줄레에게 좋은 엄마가
되어 주려고 애를 쓰고 있어요.
하지만 안네와 줄레는 아직은
힘들 때가 더 많습니다.

옛날이야기나 동화책을 보면 새엄마는
늘 못되거나 사악한 사람으로 나오지요.
사실은 그건 이야기를 재미있게 하기 위한 것이에요.

프랑스에서는 새엄마를 '좋은 엄마'라 부르고,
새아빠를 '좋은 아빠'라고 부르지요.

스웨덴에서는 새엄마와 새아빠를 '새로 만들었다'는 의미에서
'플라스틱 엄마', '플라스틱 아빠'라고도 부르고요.

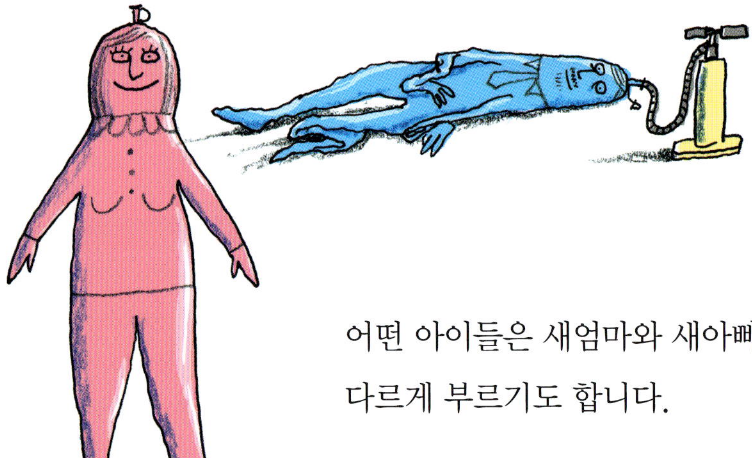

어떤 아이들은 새엄마와 새아빠를
다르게 부르기도 합니다.

엄마 아빠랑 함께 사는 대신,
할아버지 할머니 혹은 다른 친척 집에서
사는 아이들도 많아요.

돌봐 줄 사람이 없는 아이들은
고아원에서 자라기도 하지요.

틸로가 바로 그런 경우예요.
틸로는 SOS 어린이 마을에서 삽니다.
이곳은 일반 고아원과는 조금 달라요. 친부모가 아이를 제대로 키울 자질이나
능력이 없는 아이들과 이들을 부모처럼 돌봐 줄 어른이 모여 새로운 가족을 이룹니다.
또한 틸로처럼 부모님이 모두 돌아가신 아이들이 들어오기도 하고요.

틸로는 다른 네 명의 아이들과 함께 한 집에서 살고 있어요. 틸로가 살고 있는
집의 주인은 샬로테입니다. 샬로테는 마치 엄마처럼 다섯 아이들을 살뜰히 돌봐 줍니다.
틸로에게 샬로테는 엄마이고, 다른 네 아이는 형제인 셈이지요.

요즘은 아이를 낳지 않는 사람들도 많아요. 하지만 그런 사람들도 가족을 이루고 살아가기는 마찬가지예요. 남편이나 아내, 부모, 형제, 사촌, 조카 들과 어울려서 말이에요. 또 어떤 사람들에게는 친구나 반려동물이 가족이 되어 주기도 해요. 그런 경우를 가리켜 '제2의 가족'이라고 부른답니다.

사람들 대부분은 혈연관계를 바탕으로 가족을 이루며 살아요. 혈연관계란 피를 나눈 부모와 자식, 형제 자매를 기본으로 하는 관계로, 대를 통해 이어지지요. 예를 들어 '나'는 아빠와 엄마 사이에서 태어났고, 엄마와 아빠는 할머니와 할아버지 사이에서 태어났으며, 할머니와 할아버지는 증조할머니와 증조할아버지 사이에서 태어났어요. 그 위로도 대대의 어른들이 있고요. 또한 '혈연'이라는 말 대신 '핏줄'이라는 말을 쓰기도 해요.

옛날에는 평생 변하지 않는
우정을 나누길 원했던 사람들끼리
피로써 의형제를 맺기도 했어요.
그들은 손가락 끝을 칼로 베고,
흘러나오는 피를 한데 섞었지요.

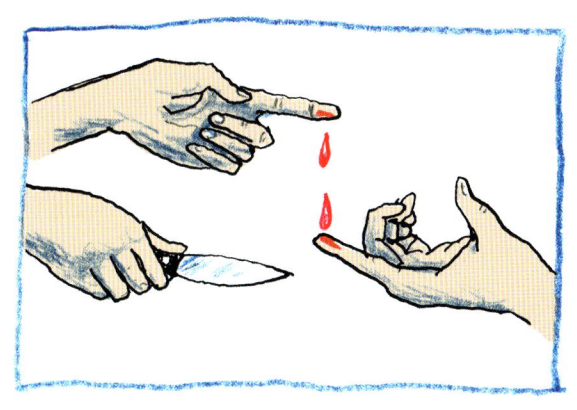

그렇게 섞인 피는 그들이 평생 서로의
친구라는 약속의 징표가 되었어요.
어떤 일이 생겨도 절대 변하지 않는
친형제 사이처럼 말이에요.

← 의형제를 맺었던 대표적인 사람들

**위니투와 올드 셰터핸드**

*《위니투》라는 독일 소설에 등장하는 두 주인공. 위니투는 아파치족 추장으로 전설적인 총잡이 올드 셰터핸드와 진정한 우정을 나누면서 의형제를 맺음.

틸로도 가장 친한 친구 마르코와 기꺼이 의형제를
맺기로 했어요. 하지만 둘은 서로의 몸에 상처를 내지
않아도 된답니다. 이미 충분히 친할 뿐 아니라 함께
있으면 재미있고 즐거운 일들이 아주 많으니까요.

틸로 ↓  마르코 ↓

할아버지와 할머니, 아빠와 엄마를 거쳐
아들딸로 이어지는 친족 사이에는
신체적 특성이 그대로 유전되기도 해요.

어떤 가족은 코가
정말 똑같이 생겼어요.

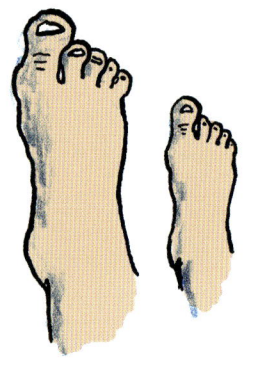

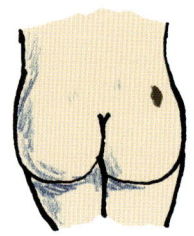

똑같은 자리에 똑같은 배내 점이
있기도 해요.

또는 유난히 큰 엄지발가락이
똑같기도 하고요.

구별하기 어려울 만큼
목소리가 비슷한
가족도 많답니다.

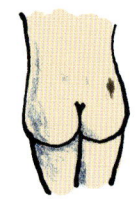

또 어떤 가족은
노래 솜씨나 춤 실력이 뛰어나고요.

유난히 수학 문제를
잘 푸는 가족도 있지요.

또 눈매나 웃는 모습이 꼭 닮기도
하고, 좋아하는 색깔 등
취향이 비슷한 가족도 있어요.

얼굴이나 생김새가 완전히 똑같은 가족도 있어요.
바로 쌍둥이가 그래요. 쌍둥이는 엄마 배 속에서
같은 날 생겨나 같은 날 태어난 사람들을 말해요.

쌍둥이는 나이가 들어도 옷이 달라야 서로를
겨우 구분할 수 있을 만큼 여전히 똑같아 보여요.

일란성 쌍둥이

이란성 쌍둥이

물론 쌍둥이라고 해서 무조건 다 똑같이 생긴 건
아니에요. 얼굴이 다를 뿐만 아니라, 심지어
남자와 여자가 쌍둥이로 태어나는 경우도 있어요.

다섯쌍둥이

아주 드물기는 하지만, 세쌍둥이,
네쌍둥이, 다섯쌍둥이인 경우도 있고요.

형제끼리는 대부분 나이 차이가 그리 크지 않아요.
물론 예외도 있어요. 질케가 태어났을 무렵,
큰언니 케르스틴은 이미 어른이었어요.
질케가 태어나고 얼마 뒤, 큰언니 케르스틴도
아기를 낳았어요. 그래서 큰언니의 딸 말린과
질케는 나이가 똑같아요.
하지만 질케는 엄연히 말린의 이모지요.

사람들은 대부분 자기 가족을 좋아해요.
가족과 함께 있을 때면 왠지 편안하고 행복하다고
느끼기 때문이지요. 또 가족끼리라면 무슨 문제든
이야기할 수도 있다고 생각하고요. 이렇게 가족과
함께라면 언제 어디서든 늘 웃을 수 있지요.

가족끼리는 신기하리만큼
서로 친근하고 익숙하다고 느낍니다.

물론 살다 보면 가족끼리도 화를 내고 싸우기도 해요. 그럴 때면 서로 목소리를 높여
소리를 지르기도 하고, 아니면 속이 상해 한동안 아무 말도 하지 않고 지낸답니다.
또 가끔은 마음에도 없는 소리를 해 서로를 아프게도 하지요.

하지만 가족들 대부분은 다시금 화해해요.
조금만 더 지나면 싸웠던 일을 떠올리며
함께 깔깔 웃기까지 합니다.

물론 서로 화해하지 못해서 시간이 갈수록
점점 더 사이가 벌어지는 경우도 있어요.

자기 가족을 두 번 다시 보지 않고
계속 원망만 하며 사는 사람들도 있어요.
부모님이 돌아가시며 남긴 집이나 돈을
서로 자기가 갖겠다고 다투기도 하지요.

또는 서로 만나서 하고 싶은 이야기가
전혀 없기 때문일 수도 있고요.
그냥 이유 없이 싫을 수도 있겠지요.

어머니가 쓰던 보석 상자

자기 아이를 학대하는 부모도 있어요.
그런 부모는 아이를 결코 따뜻하게
안아 주지 않아요. 그저 막무가내로
소리 지르며 아이를 괴롭히지요.

심지어는 자기 아이를 함부로 때리는
부모도 있어요. 물론 절대 있어서는
안 될 일이지요.

가족마다 사는 방법도 가지가지예요. 어떤 가족은 시끌벅적하게 살아가요.
이야기도 많이 하고, 크게 웃기도 하고, 악기도 연주하고, 자주 싸우기도 하고,
정신없이 뛰어다니기도 하고, 코를 골거나 방귀를 뀌기도 합니다.

어떤 가족은 있는 듯 없는 듯 조용히 살아요. 가족끼리 거의 말을 하지 않을뿐더러 필요한 경우에만 아주 조용조용 이야기를 나눕니다.

심지어 방귀 소리조차 크게 들리지 않아요. 어쩌다 방귀를 뀔 때도 얼른 화장실로 달려가니까요.

또 어떤 가족은 말을 할 때 자기들끼리만 알아들을 수 있는 말을 사용하기도 해요.
다른 사람은 무슨 말을 하는지 전혀 알아듣지 못하지요.

움직이는 걸 싫어해서 도대체 꼼짝도
하지 않으려는 가족도 있어요.

그런가 하면 잠시도 가만히 있지 않고
늘 이리저리 뛰어다니는 가족도 있습니다.

집에 있을 때면, 가족 모두가 옹기종기
모여 앉아 이것저것 맛있는 요리를
해 먹는 가족도 있어요. 함께 음식을
만들어 먹으면서 즐거운 시간을 보내지요.

또, 어떤 가족은 집에서
음식을 거의 만들지 않아요.
대부분 사 먹거나
각자 알아서 해결해요.

어떤 가족은 추운 걸 싫어해서 창문을 잘 열지 않아요.
하지만 어떤 가족은 추워서 벌벌 떨면서도
집 안의 문이란 문은 모두 활짝 열어 놓지요.

가족에게는 저마다 독특한 냄새가 있어요.
가족만의 냄새는 여러 냄새가 합쳐져 생겨나지요.

하지만 가족끼리는 서로의 몸이나 집 안에서 나는 독특한 냄새를 거의 느끼지 못해요.
다만 옷이나 인형 등에서 가끔씩 그 냄새를 맡을 때가 있지요.

누가 봐도 한 가족임을 한눈에
알 수 있는 경우가 있어요.

물론 그렇지 않은 경우도 있지요.

모든 가족이 똑같이 행동하고 똑같아
보이기를 원하는 사람이 있어요.
유달리 두드러져 보이는 가족을
못마땅하게 여기기도 하지요.

나이가 많든 적든 사람들은
모두 누군가의 자식이랍니다.

어른들도 한때는 어린아이였다는 사실이
잘 믿기지는 않아요. 하지만 예외는 없어요.
사람들은 누구나 갓난아기로 태어나
어른으로 자란답니다.

# 모든 가족은
## 세상에 하나밖에 없는
## 소중하고 독특한 존재랍니다

자, 이제 여러분의 가족을 소개해 봅시다.

♡ 우리 가족을 소개합니다. :

♥ 우리 가족은 이렇게 생겼답니다.

♡ 우리 가족이 가장 좋아하는 음식 :

♥ 우리 가족의 별명 :

♡ 우리 가족이 가장 좋아하는 곳 :

♥ 우리 가족의 취미 :

♡ 우리 가족이 다투는 제일 큰 이유 :

♥ 우리 가족이 경험했던 것 중 가장 기억에 남는 일 :

♡ 우리 가족이 제일 많이 웃었던 일 :

♥ 우리 가족만이 알아듣는 말 :

♡ 우리 가족이 제일 싫어하는 것 :

♥ 우리 가족이 가장 신 나게 함께하는 것 :

♡ 나랑 엄마랑 닮은 점 :

♥ 나랑 아빠랑 닮은 점 :

♡ 나랑 할머니랑 닮은 점 :

♥ 나랑 할아버지랑 닮은 점 :

**지은이 알렉산드라 막사이너**
대학에서 연극과 영화, 인류학을 공부했어요. 지금은 독일 프랑크푸르트에 있는 예술가 공동체 레이버에서 일하며, 희곡을 비롯해서 시나리오, 소설 등 다양한 글을 쓰고 있어요. 《세상의 모든 가족》으로 2011년 독일아동청소년문학상을 받았어요.

**그린이 앙케 쿨**
대학에서 미술을 공부했어요. 지금은 예술가 공동체 레이버에서 일하며, 그림을 그리고 있어요. 그림책 《카우보이는 말 달리지 않는다》로 트로이스도르퍼 그림책 상과 오일렌슈피겔 그림책 상을 받았어요.

**옮긴이 김완균**
한국외국어대학교 독일어과를 졸업하고, 독일 괴팅겐 대학교에서 독문학 박사 학위를 받았어요. 지금은 대전대학교 교양학부에서 교수로 일하고 있어요. 《못 말리는 악동들의 특별한 크리스마스 공연》《고맙습니다 톰 아저씨》《완두콩 위의 롤라》 등을 우리말로 옮겼어요.

**세상의 모든 가족**

**첫판 1쇄 펴낸날** 2014년 10월 17일 | **13쇄 펴낸날** 2025년 3월 17일 | **지은이** 알렉산드라 막사이너 | **그린이** 앙케 쿨 | **옮긴이** 김완균 | **발행인** 조한나 | **주니어 본부장** 박창희 | **편집** 정예림 강민영 | **디자인** 전윤정 김혜은 | **마케팅** 김인진 김은희 | **회계** 양여진 김주연 | **인쇄** 한국소문사 | **제본** 에이치아이문화사 | **펴낸곳** ㈜도서출판 푸른숲 | **출판등록** 2003년 12월 17일 제2003-000032호 | **주소** 경기도 파주시 심학산로 10, 우편번호 10881 | **전화** 031)955-9010 | **팩스** 031)955-9009 | **홈페이지** www.prunsoop.co.kr | **이메일** psoopjr@prunsoop.co.kr | **인스타그램** @psoopjr | ⓒ푸른숲주니어, 2014 | ISBN 979-11-5675-031-4 (74330) 979-11-5675-030-7 (세트)

잘못된 책은 구입하신 서점에서 바꾸어 드립니다.
KC 마크는 이 제품이 공통안전기준에 적합하였음을 의미합니다. 던지거나 떨어뜨려 다치지 않도록 주의하세요.

**ALLES FAMILE!**
Von Lieblingsspeisen, Ekelessen, Kuchenduften, Erbsenpupsen, Pausenbroten und anderen Kostlichkeiten
by Alexandra Maxeiner. With Illustrations by Anke Kuhl.
ⓒ 2010 Klett Kinderbuch, Leipzig/ Germany
Korean Translation Copyright ⓒ 2014 Prunsoop Publishing Co., Ltd.
All rights reserved.
The Korean language edition is published by arrangement with
KLETT KINDERBUCH VERLAG GMBH through Momo Agency, Seoul.

이 책의 한국어판 저작권은 모모 에이전시를 통해 KLETT KINDERBUCH VERLAG GMBH와의 독점 계약으로 ㈜도서출판 푸른숲에 있습니다.
저작권법에 의해 한국 내에서 보호를 받는 저작물이므로 무단 전재와 무단 복제를 금합니다.